MAURA DE ALBANESI

Natural de São Paulo, Maura de Albanesi é a idealizadora do método Vitalidade Energética, a união dos aspectos físicos, emocionais e espirituais que compreendem a saúde emocional do homem. É graduada em Educação Física e Psicologia, pós-graduada em Psicoterapia Corporal, Terapia de Vidas Passadas, Psicoterapia Transpessoal, Formação Biográfica Antroposófica e mestranda em Psicologia e Religião pela PUC. É fundadora e presidente do Renascimento — Núcleo de Desenvolvimento Humano e Espiritual.

© 2013 por Maura de Albanesi
©iStockphoto.com/izusek

Coordenação de criação: Priscila Noberto
Capa e Projeto Gráfico: Regiane Stella Guzzon
Preparação: Sandra Garcia Custódio
Revisão: Cristina Peres e Sandra Garcia Custódio

1ª edição — 1ª impressão
5.000 exemplares — outubro 2013

Dados Internacionais de Catalogação na Publicação (CIP)
(Câmara Brasileira do Livro, SP, Brasil)

Albanesi, Maura de
Tô a fim de me animar / Maura de Albanesi. –
São Paulo : Centro de Estudos Vida & Consciência Editora, 2013.

ISBN 978-85-7722-260-5
1. Livro de frases 2. Reflexão I. Título.

13-09761 CDD-808.882

Índices para catálogo sistemático:
1. Frases : Reflexão : Literatura 808.882

Todos os direitos reservados. Nenhuma parte desta edição pode ser utilizada ou reproduzida, por qualquer forma ou meio, seja ele mecânico ou eletrônico, fotocópia, gravação etc., tampouco apropriada ou estocada em sistema de banco de dados, sem a expressa autorização da editora (Lei nº 5.988, de 14/12/1973).

Este livro adota as regras do novo acordo ortográfico (2009).

Editora Vida & Consciência
Rua Agostinho Gomes, 2.312 – São Paulo – SP – Brasil
CEP 04206-001
editora@vidaeconsciencia.com.br
www.vidaeconsciencia.com.br

MAURA DE ALBANESI

TÔ A FIM
de me animar

PALAVRA DA AUTORA

Querido leitor,

É com imensa alegria que compartilho com você algumas ideias para que juntos possamos refletir sobre a melhor maneira de viver intensamente cada momento, aflorando em nós o verdadeiro amor que desbrava novos horizontes para as infinitas possibilidades de ser feliz.

Boa leitura!

Com amor,
Maura de Albanesi

As ondas
virão, fazem
parte do processo
natural da vida, este é
o movimento. Busque
dentro de você a
força necessária para
enfrentá-las. Faça-o
com veneração pelo seu
processo de vida. Ondas
existem na vida de
todos, o que nos difere
é o modo como as
enfrentamos.

Quais são os muros que você mesmo ergueu na sua trajetória de vida que agora o aprisionam? Pergunte-se: **"Será que existe vida além destes muros?".** *Arrisque-se a ir além das muralhas da sua acomodação.*

Ao tomarmos conhecimento de algo, somos automaticamente impelidos a agir. Quantas vezes dizemos: "Desculpe, eu não sabia" e nos sentimos totalmente redimidos? A verdade está atrelada à responsabilidade, por isso muitos a temem. Pode-se dizer que responsabilidade é uma resposta a algo através da habilidade, ou seja, respondemos com habilidade a tudo que fazemos.

Se verdade e responsabilidade andam juntas, negando a verdade, não agimos com responsabilidade. Por isso dizem "felizes os ignorantes", eles vivem em um mundo de ilusões, agindo apenas dentro de paredes limítrofes. **Não tema a verdade, ela é a porta que impulsiona as melhores ações,** das quais você se orgulhará, e você tomará as rédeas de sua vida.

Faça algo diferente todo dia.

Esse é o primeiro passo para possíveis mudanças. Se na sua vida acontece sempre a mesma coisa, comece você a fazer algo diferente. Não espere que a vida mude, mude você. Somente você responde pelos benefícios e malefícios que provoca a si e ao outro. Note a tamanha responsabilidade que é inerente a você!

Nunca desista de recomeçar. Confiança e persistência são qualidades admiráveis.

Você já notou que quando produzimos algo nos revitalizamos?

O ser humano nasceu para ser útil. Toda vez que produzimos algo, compartilhamos nossos dons e alguém se beneficia. Ao final de cada dia, avalie de que maneira você utilizou seu potencial realizador, sinta se você fez ou não diferença neste dia. Caso sinta que não realizou o que poderia ter realizado, não perca tempo se culpando, planeje o próximo dia com foco em ser útil ao mundo. A paz do findar de um dia está intimamente ligada ao sentimento de gratificação por ter sido útil. Reconheça as oportunidades que nos proporcionam dar o melhor de nós na vida. Perceba a importância de reconhecermos o que fazemos: estamos todos em uma interligação cósmica, qualquer parte da rede que se movimente movimenta o todo. Quando algo é realmente bom, nós sentimos imediatamente, nosso corpo responde com prazer. Ao produzir algo, pergunte-se: "Isso é bom para mim? É bom para o outro?".

A RESPOSTA POSITIVA VEM ACOMPANHADA DE SENSAÇÕES FÍSICAS DE BEM-ESTAR.

Todos possuímos recursos naturais (talentos e capacidades) para enfrentar os problemas e sairmos vitoriosos... Devemos sempre analisar nossas ações, principalmente o que nos leva a executá-las. No motivo da ação está a motivação. A motivação inserida na ação há de ser sempre permeada pela sinceridade da entrega. Aí surge a boa ação.

Quando tudo parece dar errado, é o momento de parar e refletir sobre seus atos; afinal, sua vida é produto totalmente seu. Querer responsabilizar alguém ou uma situação é comodismo de quem não assume a própria vida com seus erros e acertos.

Veja o lado positivo de tudo. Faça seu otimismo se tornar real. Pense apenas o melhor, trabalhe apenas para o melhor e espere só o melhor. Entusiasme-se com o sucesso dos outros como se fosse o seu próprio sucesso. Aproveite todo o seu tempo para melhorar a si próprio.

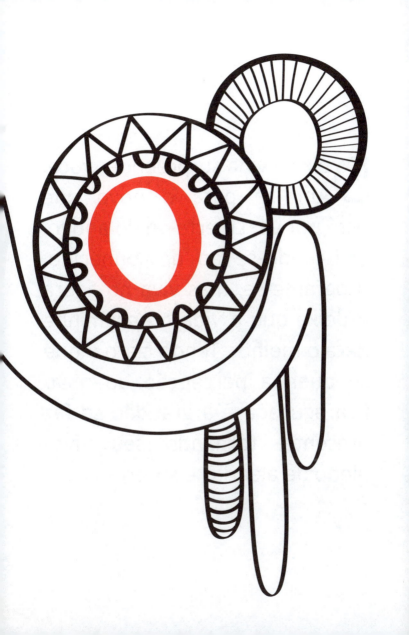

Deixe a vida surpreender você. Abra-se para o novo que está por vir. Liberte-se do antigo, arriscando-se ao desconhecido. Programe-se, mas viva no agora e deixe que a vida o encaminhe para o melhor. Tendo claro o que se quer, a percepção do novo fica aguçada e a gratidão se faz presente, tornando seu viver pleno de alegrias e surpresas.

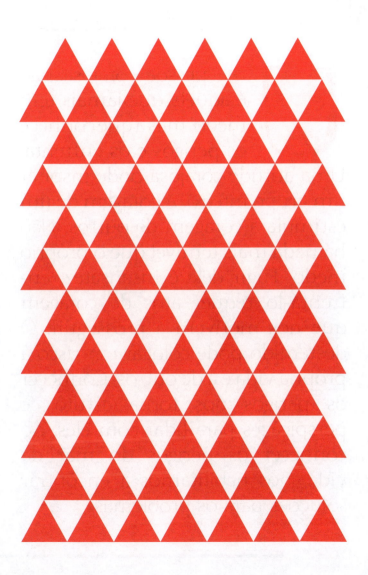

Uma pessoa corajosa não é aquela que jamais tem medo, mas a que conhece os perigos e os enfrenta. Uma atitude corajosa pode inspirar um grupo inteiro. A coragem de um estimula a coragem de outros. Não há nada mais temível que o próprio medo. Fugir dele é insensatez, enfrentá-lo requer atos de coragem que nos motivem a prosseguir. O destemido pode colocar em risco a própria vida e a de outros. Conhecer os perigos nos torna astutos e perspicazes para lidar com eles. Ao conhecer os perigos do mar da vida, nos habilitamos a encontrar soluções para os problemas.■

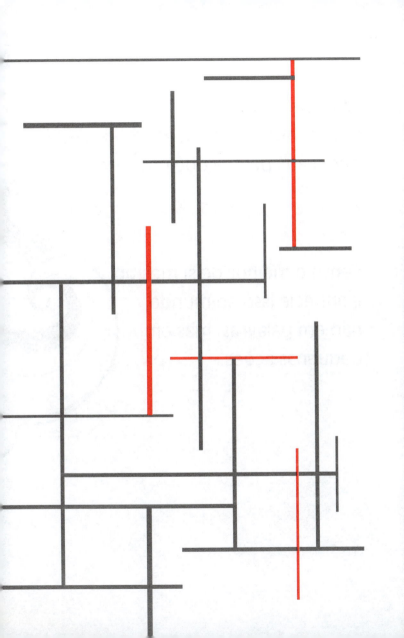

Fale apenas de
FELICIDADE, SAÚDE E PROSPERIDADE
para cada pessoa que encontrar.

Fale coisas boas para receber coisas boas.

Pense o melhor de si mesmo e anuncie isso ao mundo, não em palavras, mas em pequenas ações.

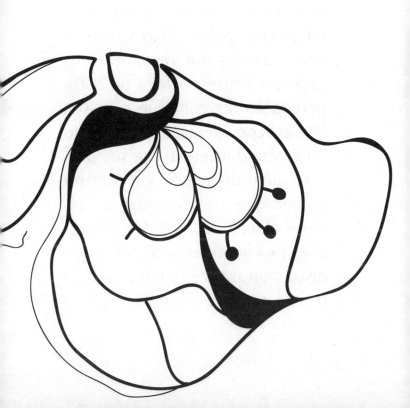

A autoestima está intimamente ligada ao autoconhecimento, pois para se avaliar a autoestima é necessário ter a percepção honesta de quem se é, reconhecer valores e pontos fracos sem se deixar envaidecer pelos valores nem se sentir menos por reconhecer os próprios limites. A falta de autopercepção faz com que a pessoa leve em consideração a opinião do outro em detrimento da sua própria, além de gerar a expectativa de ter que corresponder a opiniões alheias. O foco das realizações fica no exterior. O resultado disso muitas vezes é o fracasso da estima por você mesmo.

Felicidade não é uma estação na viagem da vida, é pura e simplesmente a maneira de se viajar. Não há nada que você tenha que possa ser roubado. Se foi roubado, é porque você não tinha. **O que será que é realmente seu?** Por que tememos que alguém nos tire algo? Uma propriedade, um companheiro, dinheiro... Quando

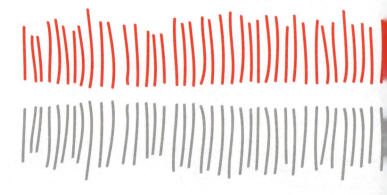

morremos, nem nosso corpo levamos, até ele nos é emprestado, o que podemos dizer das outras coisas? **O apego é o maior inimigo da liberdade.** É a muralha que se opõe entre o ego e a essência. A única posse legítima e inafiançável é sua essência. Ninguém a rouba, exceto seu ego, que pode ocultá-la de você mesmo.

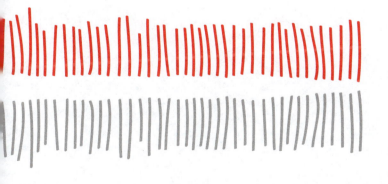

Voltar-se unicamente para o material, desvinculando-se do espiritual, não propicia a prosperidade e o contrário também não. Portanto, deve-se integrar o espiritual ao material e a prosperidade fluirá naturalmente. Afinal, dinheiro é energia espiritual materializada. O foco da vida

não deve se limitar ao material nem ao espiritual, mas à integração de ambos. Cada ser contém em si o recipiente propício para a sagrada mistura do material-espiritual, o que faz transbordar toda a prosperidade do Universo em si, reverberando-a em tudo o que faz.

Estar consciente é estar inteiramente presente onde seu corpo está. É difícil lidar com a consciência, pois ela vem atrelada à responsabilidade. E é extremamente difícil assumir o que se quer. O medo do que vai estar à frente advém, pois não fazemos uma reflexão acerca das situações, ponderando sobre o que é bom, o que não é tão bom. As escolhas são difíceis, pois ao escolher algo deixamos de ter um monte de outras coisas. Escolhemos o tempo todo, somos fadados a escolher, assim como para viver precisamos respirar. Assumir as escolhas é que é difícil! No momento em que assumimos a escolha feita, sentimos paz. Mas, se ficamos arrependidos, nos prendemos ao passado. Portanto, acenda a luz das suas escolhas conscientemente. Isso possibilita que outros também façam suas escolhas e vivam a vida integralmente.

A Espiritualidade procura exaltar a força interna do ser humano para que essa força venha ao mundo sem norma externa, mas com ética interna. A Espiritualidade busca trazer para o ser humano não normas de condutas, mas a possibilidade de infinitos caminhos, pois ela amplia sua visão para que *você* decida aonde quer chegar.

A meditação eleva a percepção do ser humano à luz que dele emana.

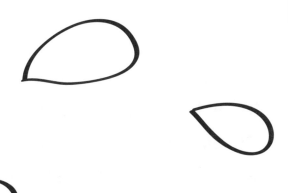

Há várias maneiras de nos comunicarmos, a mais transparente é através dos sentimentos que emitimos. Eles não mentem, são percebidos por todos e refletem exatamente o que se passa em nosso coração. Antes de dormir, lembre-se de limpar a mente e o coração de qualquer tipo de sentimento que não seja amor.

Na agitação externa a que todos estamos submetidos faz-se necessário silenciar a alma. No silêncio, a paz se manifesta no homem. De nada adianta buscar a paz no exterior, nos apegos da vida, a paz está no coração, no interior. Basta silenciar e sentir a própria essência. O estado de paz permite a cada ser assimilar sua realidade única e exercer a responsabilidade de maneira fácil e tranquila.

Estamos sempre aprendendo uns com os outros. **Ao nos colocar por inteiro naquilo que fazemos**, estamos em processo meditativo. Meditar é tornar-se consciente de tudo que está se passando com você. Não tenha somente reações, procure realizar ações assertivas na vida. **Estar em contato inteiramente com a vida é estar em contato com seu sentir.**

Para defender-se do mal não há via de mão dupla, há apenas um caminho: a prática do bem. Use seu livre-arbítrio e pratique o **BEM.**

Possuímos tanto a capacidade de receber quanto a de doar. Lembre-se:

A LEI DA PROSPERIDADE É BASEADA NO FLUXO DA TROCA.

Sábios aqueles que sabem perder: eles têm consciência de que a perda abre espaço para novos ganhos. O sofrimento da perda e a felicidade do ganho dependem do valor atribuído a cada um deles.

Entre em contato com sua história de vida, sinta como ela está. Seja qual for seu momento, você está no movimento natural da vida; aceite-o, este é o primeiro passo para qualquer mudança de direção que você almeje. A aceitação traz a luz da solução.

É preciso estar muito inteiro em si para não se perder no outro. Ajudar o outro é nobre, respeitar a si mesmo é sábio. Sem respeitar a si, ajudar o outro se torna cobrança. A prática do bem inicia em si e se expande aos outros. Inverter isto é especular com o bem que se quer receber, ou seja, é puro egoísmo.

A eterna cobrança de fazer sempre mais e melhor nos rouba a liberdade de sermos nós mesmos. O ser humano se escraviza em condicionamentos que atravancam a fluidez da vida. Libertar-nos dessas amarras requer que nos tornemos conscientes delas para depois atualizá-las, recontextualizando-as de acordo com nossas necessidades primordiais. Pessoas que afirmam ter caráter firme e não mudam nunca estão subjugadas aos seus paradigmas mentais, emocionais e comportamentais, são as famosas pessoas inflexíveis. Cobre-se menos e realize mais!

Envolva as situações em amor e veja que, com a energia poderosa que vem dele, as situações começam a se clarear. Perceba que, com a energia amorosa, fica nítido o que você deve ou não fazer. Com total amorosidade, entregue as situações ao poder divino, que se movimentará a favor do bem maior. Deixe que a inteligência que governa o cosmos clareie as situações e abra seus canais intuitivos, proporcionando maior discernimento. Confie na voz do amor. Em cada situação, pergunte-se: "O que o amor faria?". Arrisque-se a viver de maneira diferente da que vive atualmente. Aposte na força poderosa do amor!

A justiça é relativa, pois depende dos olhos de quem julga e das ações daquele que se considera culpado. Cada juiz tem uma história que constrói seu olhar, assim como cada culpado tem uma base para suas ações. Fazer justiça é ampliar o olhar, enxergar além de si mesmo e ver o outro como ele é de fato. Ser justo não é se limitar a comparar, é, sobretudo, conhecer a si e reconhecer as diferenças no outro.

Viver não é um simples espaço entre o nascer e o morrer, é perfumar a vida com a chama do amor. Quem tem medo de amar tem medo da vida. Aquele que teme amar já está morto.

DOAR-SE EM DEMASIA PODE DAR INÍCIO A UMA COBRANÇA DESENFREADA DE RECONHECIMENTO. VEJA SE VOCÊ QUER SE DOAR PELO ATO DE DOAR OU PARA OBTER RECONHECIMENTO. A DOAÇÃO POR SI PRÓPRIA JÁ SUPÕE QUE NÃO SE GANHARÁ NADA. AO SE DOAR, VOCÊ SE ESQUECE (POIS FOI GENUINAMENTE DOADO). AQUELE QUE RECEBE A PUREZA DA DOAÇÃO DE OUTREM NUNCA ESQUECE.

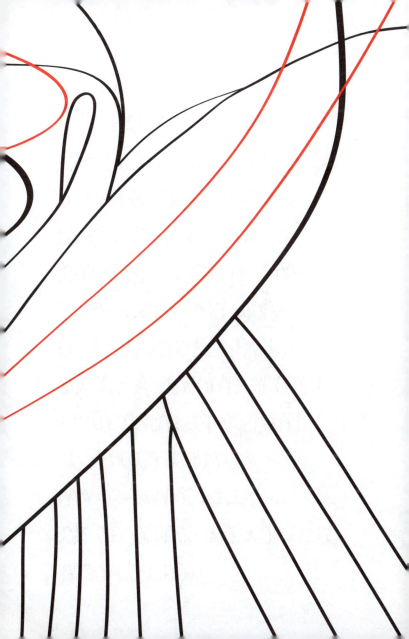

Fazer o bem não nos exime de problemas nem do esforço necessário para o autoaperfeiçoamento. Quando se faz o bem com o intuito de ter uma vida boa, abre-se as portas para a fé no bem ir embora. A fé que transporta montanhas é aquela capaz de transformar-se em alavanca da convicção da ação do bem.

Quando o amor e
o carinho unem
um ser a outro,
transcende-
-se tempo
e espaço
criando um
vácuo propício
à criação de
novos ideais e
realizações.

Nas relações que
você travar
hoje, com
muito carinho
e respeito,
entrelace seu
coração ao do
outro para que
um caminho
inovador
se abra.

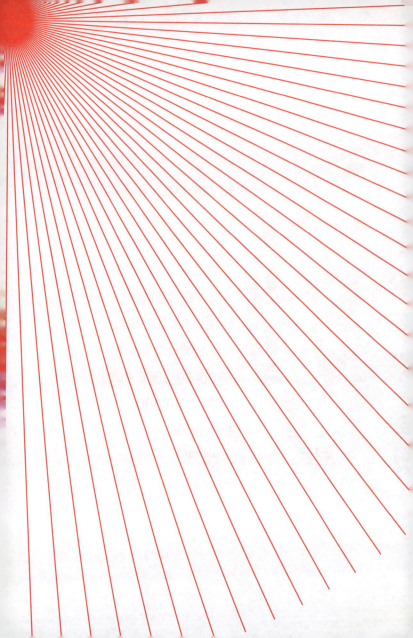

A fé e o otimismo são antídotos para que os contratempos da vida não lhe venham ferir a alma. Venceremos no bem, dando o melhor de nós, privilegiando o lado bom das pessoas e das situações e abstendo-nos da crítica. Deixe os enganos do passado no passado e centralize sua atenção unicamente nas realizações do presente. Adorne-se com expressões alegres o tempo todo e sorria para toda criatura viva que encontrar.

MUITAS DAS FRUSTRAÇÕES, DESILUSÕES E AUSÊNCIA DE SENTIDO NAQUILO QUE FAZEMOS SURGEM PELA FALTA DE INTEGRAÇÃO ENTRE O SENTIR, O PENSAR E O AGIR.

Pegue uma situação da sua vida e observe o que você pensa a respeito, o que sente e qual é a ação que executa e verifique se há coerência entre essas três instâncias. Se não há coerência, qual é o ponto destoante? De posse do ponto destoante, reserve alguns instantes para mergulhar nele. Sinta o que será revelado para que você seja um ser inteiro. O brilho natural da pessoa emerge quando o que ela sente, o que pensa e o que faz são coerentes. Caso contrário, o brilho poderá se tornar artificial.

A tristeza diz: DESAPEGUE-SE. Sentimos tristeza quando não conseguimos vislumbrar o novo e ficamos presos ao passado. A culpa surge porque queremos mudar o passado com nosso olhar de hoje. E isso não faz o menor sentido, é irracional: não podemos mudar o passado.

Aprendamos a viver o amor, a ser solidários, a viver a vida através dos encontros sagrados que há entre os seres humanos. Dê uma atenção a você, desenvolva o sentimento de aceitação. Aceite o que você sente, aceite o que você pensa. Primeiro nós aceitamos, depois agradecemos, reconhecendo o que temos, para aí nos abrirmos para o amor. Nós nos ligamos uns aos outros através da sintonia energética que os sentimentos produzem. Sinta essa ligação e viva no esplendor do amor.

Ao sermos empáticos, é quase natural nos colocarmos na posição do outro. O que é se colocar na posição do outro? É enxergar o outro como nos enxergamos: com problemas, necessidades, medos e angústias. A gentileza está ligada à percepção do outro como igual. Ser gentil é reconhecer e perceber a necessidade do outro. Ser gentil pode ser uma filosofia de vida que considera o outro como um ser merecedor da sua atenção, por ser ele composto de sentimentos, igual a você. Essa virtude tem como base uma postura de poder alcançar uma atmosfera de paz interior e exterior. Ser educado e respeitar o próximo são atos de gentileza. O ser humano é cheio de fraquezas e limites. Compreender isso demonstra equilíbrio que se transforma em paz e felicidade.

Os tipos de relacionamento e a maneira como o ser gere seus vínculos afetivos são um belo indicador do quão espiritualizado ele é. A forma de se relacionar diz muito a seu respeito, mostra quão honesto, ético, íntegro o ser se apresenta nos vários tipos de relação que estabelece. Nas

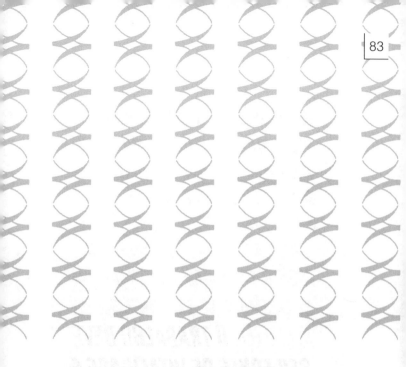

trocas afetivas é que realmente damos o que temos. Quem pouco tem para trocar pouco tem consigo, afinal, recebemos na medida em que damos. Ampliar a espiritualidade em si começa por aprofundar suas relações no reconhecimento de si e do outro.

O TRABALHO É FUNDAMENTAL NA VIDA, MOVIMENTA O CORPO, ATIVA A MENTE, PROVOCA INQUIETAÇÕES, ALÉM DE PROPORCIONAR A BUSCA POR NOVAS OPORTUNIDADES E POSSIBILIDADES, MAS É PRECISO FICAR ATENTO PARA NÃO SE FECHAR EM SI MESMO E SE DESCONECTAR DA REALIDADE. **O TRABALHO DEVE SER FONTE DE VITALIDADE E NÃO DE DESGASTE.** ASSIM O ESSENCIAL PASSA A SER A ARTE DO TRABALHO, QUE CONSISTE EM AGIR NO MUNDO COM NATURALIDADE E FLUIDEZ, COLOCANDO NELE O QUE HÁ DE MELHOR EM NÓS.

Respeitar o livre-arbítrio
do outro
é o exercício puro do amor.
Aceitar a vontade do outro,
que pode ser contrária à sua,
sem quebrar ou estremecer
vínculos
é a conduta ética do respeito.

A palavra contém o sopro divino no homem. Cada palavra emite ondas vibracionais que espalham no Universo uma força que se movimenta para a concretude daquilo que foi dito. A força move, mas o poder está em quem faz a força se mover. A palavra tem força, mas o poder está em quem fala! A palavra é como uma varinha de condão, com a qual ordenamos à substância universal que tome a forma que queremos.

A sua imaginação estabelece verdades que lhe parecem reais, mas na verdade são os seus temores que criam uma falsa verdade para que você não enfrente a realidade. O que você pensa é real ou é meramente fruto da sua imaginação que teme se confrontar consigo e com as suas reais possibilidades? Afinal, se nada fizer, não terá como comprovar o seu sucesso ou o seu fracasso. E, a imaginação pode ser suficiente para que você continue acreditando ser o que não é, fazer o que não faz e, no seu mundo imaginário, ser feliz ou infeliz! Você é o que você pensa que é. Fracasso ou sucesso estão apenas na sua mente. Há uma maneira de sair da armadilha imaginária:

Faça.
Siga em frente.
Realize.

As
grandes reali-
zações acontecem passo a
passo. As quedas devem-se à pressa
de pularmos os degraus necessários ao apren-
dizado de cada etapa de vida, fundamentais para
alcançarmos o sucesso pleno. Não apresse os acontecimentos.
Tenha sempre em vista aonde quer chegar. O coração é
a sua direção. Confie nisso e aprecie o degrau em
que se encontra, ele reserva os segredos
do seu sucesso. Viva e sinta-se
um vencedor desde
já!

Com a segurança e a confiança na luz que habita em você, *enfrente todas as adversidades da vida,* sabendo que a solução não é o mais importante, mas sim a maneira como encontramos a saída nos labirintos da nossa alma. É aí que reside a chave da transformação. Encare os labirintos emocionais da sua alma e desvende o segredo que cada situação contém, assinalando o caminho da sua evolução. *Confie e traga a potência do seu espírito em tudo o que fizer.*

Rua Agostinho Gomes, 2.312 – SP
55 11 3577-3200

grafica@vidaeconsciencia.com.br
www.vidaeconsciencia.com.br